1 Décembre 1909

BRONZES

Cires — Ivoires

MARBRES & TERRES CUITES

PAR

Théodore Rivière

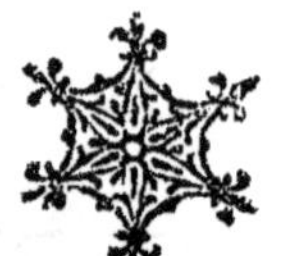

CATALOGUE

DES

BRONZES

Cires — Ivoires

MARBRES ET TERRES CUITES

PAR

THÉODORE RIVIÈRE

ET DONT LA VENTE AURA LIEU

HOTEL DROUOT, SALLE N° 10

Le Mercredi 1er Décembre 1909

à 3 heures

COMMISSAIRE-PRISEUR	EXPERTS
Me F. LAIR-DUBREUIL	**MM. GRAAT & MADOULÉ**
6, rue Favart, 6	6, rue Godot-de-Mauroi, 6

EXPOSITION PUBLIQUE

Le Mardi 30 Novembre 1909

DE 2 HEURES A 6 HEURES

CONDITIONS DE LA VENTE

Elle sera faite au comptant.

Les Acquéreurs paieront *dix pour cent* en sus des enchères.

Tous les droits de reproduction sont réservés.

Chaque œuvre portera la marque d'un poinçon qui sera détruit après la vente.

Paris. — Imp. Georges Petit. — 20221-09.

DÉSIGNATION

---

1 — *Tirailleur annamite.*

Bronze, patine sanguine claire.

Épreuve unique. Haut., 16 cent.

2 — *Arlésienne.*

Buste bronze, patine florentine.

Non édité. Haut., 13 cent.

3 — *Femme au mur (sans le mur).*

Statuette bronze, patine naturelle.
Modèle ayant servi à l'exécution.

Haut., 21 cent.

4 — *Porteur arabe.*

Pièce détachée de la *Caravane*. Bronze,
patine naturelle.

Épreuve unique. Haut., 21 cent.

5 — *La Prière.*

Bronze, patine florentine.

Non édité. Haut., 27 cent.

6 — *Retour des guerriers.*

Deux personnages détachés du groupe *Mathô vaincu.* Bronze, patine naturelle.

Épreuve unique. Haut., 16 cent.

7 — *Juive tunisienne.*

Marbre transparent, tête et main ivoire.

Œuvre unique. Haut., 26 cent.

8 — *Danseuse Javanaise.*

Acquis par l'État pour le musée du Luxembourg. Bronze, patine noire.

Non édité. Haut., 33 cent.

Exposition de 1889.

9 — *Le Groupe à la tarbouka.*

Deux personnages détachés du groupe *Mathô vaincu.* Bronze, patine orientale.

Non édité. Haut., 16 cent.

10 — *Cachet ivoire*.

Momie moderne dans un sarcophage bronze, à patine noire.

Œuvre unique.

11 — *La Prière*.

Cire verte originale.

Haut., 28 cent.

12 — *Groupe de Bédouins*.

Deux personnages détachés du groupe de *Mathô vaincu*. Bronze, patine orientale.

Non édité. Haut., 18 cent.

13 — *Salut à l'aîné*.

Bronze, patine claire, acquis par l'État pour le musée de Nancy.

Épreuve unique. Haut., 27 cent.

14 — *Éphèbe*.

Bronze avec socle, patine grecque.

Épreuve unique. Haut., 31 cent.; avec socle, 40 cent.

15 — *Anier arabe monté sur son bourri-
quot.*

Pièce détachée de *la Caravane*. Bronze
patine orientale.

Épreuve unique. Haut., 23 cent.

16 — *Satanas.*

Buste bronze, patine naturelle.

Épreuve unique ciselée par l'auteur. Haut., 16 cent.

17 — *La Courtisane orientale.*

Bronze, patine vieil or.

Épreuve unique. Haut., 31 cent.

18 — *Léda au cygne.*

Terre cuite originale.

Haut., 26 cent.; larg., 36 cent.

19 — *Le Groupe à l'enfant.*

Quatre personnages et l'enfant, détachés du groupe de *Mathô vaincu.*
Bronze patine orientale.

Épreuve unique. Haut., 20 cent.

20 — *Les Guerriers.*

Deux personnages détachés du groupe
de *Mathô vaincu.*
Bronze patine foncée.

Épreuve unique. Haut., 15 cent.

21 — *L'Enfant aux roses.*

Marbre statuaire.

Œuvre unique. Haut., 38 cent.

22 — *Vers le Calvaire.*

Groupe de deux personnages.
Bronze, patine pompéïenne.

Épreuve unique. Haut., 25 cent.

23 — *Ophélie.*

Ivoire et bois.

Œuvre unique. Long., 27 cent.

24 — *Soldats mercenaires.*

Quatre personnages détachés du groupe
de *Mathô vaincu.*
Bronze patine orientale.

Épreuve unique. Haut., 20 cent.

25 — *La Femme au peigne.*

Statuette bronze, patine médaille.

Épreuve unique. Haut., 45 cent.

26 — *La Femme au mur d'Alexandrie.*

Marbre de diverses couleurs.

Œuvre unique. Haut., 3o cent.

27 — *Vers la vie.*

Groupe de deux personnages.
Bronze, patine pompeïenne.

Épreuve d'artiste avant l'édition. Haut., 35 cent.

28 — *Le Génie du mal.*

Statuette ailée bronze et marbre, patine médaille.

Épreuve unique. Haut., 5o cent.

29 — *Buste dit Tolstoï.*

Bronze patine noire, socle rustique.

Épreuve unique. Haut., 40 cent.

3o — *Danseuse voilée.*

Bronze, patine florentine.

Non édité. Haut., 35 cent.

31 — *Égyptienne au lotus.*

Bronze, patine antique.

Épreuve unique. Haut., 40 cent.

32 — *Néron.*

Marbre bleu turquin.

Œuvre unique. Haut., 36 cent.

33 — *Phryné.*

Statuette bronze, patine antique.
Épreuve d'artiste. N'est plus éditée en bronze.

Haut., 36 cent.

34 — *Juifs et Maronites.*

Groupe de sept personnages détaché
du *Calvaire*.
Bronze, patine naturelle.

Œuvre unique. Haut., 3o cent.

35 — *Satanas.*

Buste, terre cuite originale.

Haut., 37 cent.

36 — *La Pomme d'or.*

Statuette ivoire, serpent argent émaillé,
sur bois des îles, socle marbre.

Haut. moyenne, 40 cent.

37 — *Cavalier arabe.*

Bronze, patine noire.

Épreuve unique. Haut., 41 cent.

38 — *La Marche funèbre.*

Statuette bronze, patine florentine.

Épreuve unique.

39 — *Léda au cygne.*

Bronze, patine florentine.

Épreuve unique. Long., 39 cent.; haut., 29 cent.

40 — *Femme tonkinoise.*

Maquette pour le monument d'Hanoï.
Statuette bronze, patine naturelle.

Épreuve unique. Haut., 37 cent.

41 — *Bacchus.*

Statuette bronze, patine médaille, socle marbre.

Non édité. Haut., 34 cent.

42 — *Femme tonkinoise au chapeau.*

Statuette bronze, patine orientale.

Non édité. Haut., 32 cent.

43 — *Porteuses d'offrandes cambod-giennes*.

Bas-relief bronze, patine or, argent et émaux.

Haut., 5o cent.

44 — *Néron*.

Réduction. Bronze, patine pompéienne.

Non édité. Haut., 17 cent.

45 — *Porteuses d'offrandes cambod-giennes*.

Réduction. Bas-relief bronze, patine médaille.

Non édité. Haut., 17 cent.

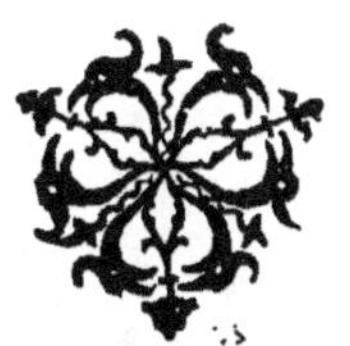